Wenn du dich regelmäßig mit Dingen beschäftigst, die dich glücklich machen, bestätigst du dir unbewusst:

Ich bin wertvoll.

Bleib gelassen

Der Alltag der meisten Menschen ist straff getaktet. Permanente Anspannung und verschiedenste Umweltreize machen uns rastlos und versetzen auch unseren Geist in ständige Unruhe. So fällt es schwer, sich auf das Wesentliche zu konzentrieren.

Wenn du lernst, dich bewusst
zu entspannen, wirst du dich für
neue Impulse und Ideen öffnen.
Dann kannst du auch mit deinen Träumen
und Wünschen in Kontakt treten –
und Unwichtiges loslassen.

Beherrsche deine Gedanken

Unsere Gedanken, egal ob bewusst oder unbewusst, bestimmen unser Handeln und Erleben. Was deinen Geist beherrscht, manifestiert sich in deiner Wirklichkeit.

Werde dir deshalb deiner Gedanken bewusst, die deine Erwartungen, Wünsche und Zweifel abbilden. Lerne sie zu steuern und beeinflusse dadurch *deine Lebensenergie.*

Beginne bei dir

Respekt, Wertschätzung und Achtsamkeit sind Tugenden, die wir uns im täglichen Umgang von unseren Mitmenschen wünschen. Warum beginnst du damit nicht einfach bei dir?

Wenn du respektvoller, wertschätzender und achtsamer mit dir selbst und deiner Umwelt umgehst, können das bald auch die anderen tun.

Positives Handeln wirkt ansteckend!

Lebe den Augenblick

Beobachte ein kleines Kind beim Spielen! Konzentriert und im Augenblick versunken, gibt es sich ganz seiner selbst gewählten Aufgabe hin. Diese Fähigkeit ruht auch in dir. Wecke dein inneres Kind und übergib dich unbeschwert dem Hier und Jetzt.

Sei mit Herz und Sinnen ganz bei dir und deiner momentanen Beschäftigung – egal ob Arbeit oder Spiel. Indem du möglichst viele Augenblicke der Achtsamkeit aneinanderreihst, lädst du

die Zufriedenheit in dein Leben ein.

Sei ehrlich zu dir

Antwortest du ehrlich, wenn du vor eine Entscheidung gestellt wirst, oder so, wie du glaubst, dass es von dir erwartet wird? Wie oft bedeutet dein „Ja" wirklich ein „Ja" und dein „Nein" wirklich ein „Nein"?

Tust du dir immer einen Gefallen, wenn du nach außen hin gefällig bist? Lerne, von ganzem Herzen „Nein" zu sagen, wenn du es so fühlst. Und vor allem – sage auch „Ja", wenn etwas

deine Seele berührt.

Verschenke Glücksmomente

Um andere glücklich zu machen, braucht es
nicht viel. Lass deine Mitmenschen
einfach deinen Respekt und deine
Wertschätzung spüren. Nimm dich selbst
kurz zurück und überlasse jemand
anderem freundlich den Vortritt –
sei es im Straßenverkehr, am Arbeitsplatz,
im Supermarkt oder anderswo.

Verschenke ein Lächeln, ein gutes Wort oder
ein Lob. Und du wirst sehen,
für diesen kleinen Einsatz bekommst du
etwas sehr Wertvolles zurück:
Dankbarkeit, Liebe und tiefen Lebenssinn.
So kann schon ein einziger Tag der
Großherzigkeit dein ganzes

Dasein bereichern.

Trau dich, über deinen Schatten zu springen

Es gibt Momente im Leben, da wird die Angst groß. Jeder kennt das. Angst ist eine natürliche Reaktion auf Überforderung jeglicher Art. Andererseits hat auch jeder von uns die Erfahrung gemacht, wie gut es sich anfühlt, vermeintliche Hürden zu überwinden.

Sei mutig und wage es immer wieder, über deinen Schatten zu springen. Denn oft geht es gar nicht darum, etwas Gefährliches zu tun, sondern deine selbst gewählte Komfortzone zu verlassen. Folge deiner Intuition und öffne dich für Erfahrungen, die

dein Leben bereichern.

Erlaube dir glücklich zu sein

Wenn du dir und deinem Umfeld etwas Gutes tun möchtest, dann erlaube dir, glücklich zu sein. Zugleich ist das einer der effektivsten Wege, tiefe Verbundenheit mit allen Lebewesen zu fühlen.

Glücksgefühle sind ansteckend. Sie erzeugen Zufriedenheit und Freude auch in denen, die daran teilhaben dürfen. Glücklich zu sein ist etwas Wunderbares. Trage die positive *Kraft des Glücks* in die Welt.

Hab Vertrauen

Auch wenn in deinem Leben nicht immer alles so läuft, wie du es dir wünschst, halte dennoch an der grundsätzlichen Vorstellung fest, dass du beschützt bist. Das Urvertrauen ist eine wichtige Ressource, die dir in deiner Kindheit zugänglich war.

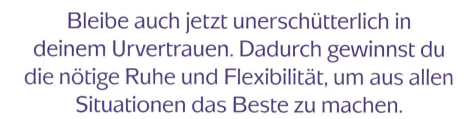

Bleibe auch jetzt unerschütterlich in deinem Urvertrauen. Dadurch gewinnst du die nötige Ruhe und Flexibilität, um aus allen Situationen das Beste zu machen.

Lass die Sonne in dein Herz

Gibt es in deiner Nähe ein Gewässer – einen Fluss, einen See, vielleicht sogar das Meer? Spaziere oder fahre doch einmal früh am Morgen ans Wasser. Beobachte, wie sich das Licht verändert und die ersten Sonnenstrahlen über die Wellen tanzen, um sich schließlich zu einem goldenen Band zu verdichten.

Schließe deine Augen und lass
dich von den Sonnenstrahlen wärmen.
Folge in Gedanken der Sonnenstraße.
Wenn es warm genug ist, kannst du
vielleicht sogar ein Stück an ihr
entlangschwimmen. Genieße den Moment
und nimm die Sonnenenergie mit in

deinen Tag.

Trainiere mentale Stärke

Niederlagen und Rückschläge gehören zum menschlichen Leben, und doch geht jeder Mensch anders mit ihnen um: Während sich der eine von Frustration überwältigen lässt, konzentriert sich der andere unbeirrt auf sein ursprüngliches Ziel und die damit verbundenen Aufgaben. Die Kraft der Gedanken ist riesengroß.

Mentale Stärke geht noch darüber hinaus. Sie befähigt dich, dich im entscheidenden Augenblick aufs Äußerste zu konzentrieren und deine Energie zu bündeln – wie Wasser, das sich unverdrossen seinen Weg durch hartes Gestein bahnt. Bringe deinen inneren Kritiker zum Schweigen, bleibe positiv und lasse dich nicht von einem Ziel abbringen, dessen Erreichung dir *ein inneres Bedürfnis ist.*

Wünsch dir was

Suche dir eine besonders schöne Pusteblume und pflücke sie. Als Kind hast du das bestimmt ganz oft getan.
Erinnerst du dich, wie du die perfekte Schönheit der Samen bewundert hast? Jeder einzelne sieht wie ein kleiner Fallschirm aus.

Stell dir vor, einer dieser Fallschirme würde deinen wichtigsten Wunsch in die Welt tragen. Was für ein Wunsch wäre das? Entscheide dich, hole tief Luft und puste mit aller Kraft.

Übergib deinen Wunsch dem Universum.

Genieße den Moment

Wie wirst du ein glücklicher Mensch?
Zum Beispiel, indem du aufhörst,
dich ständig mit anderen zu vergleichen.
Egal, welches Glück dich trifft – wenn du
darüber nachdenkst, wird es immer
jemanden geben, der das vermeintlich
bessere Los gezogen hat.

Beende diese Gedankenspiele.
Sie führen zu nichts.
Genieße den Moment und die Gunst
der Stunde, wenn sie günstig ist.
Und wenn nicht, dann verweile nicht
in deinen trüben Gedanken.

Verbinde dich mit der Erde

Sommerzeit ist Barfußzeit. Was für eine gute Gelegenheit, um sich buchstäblich zu „erden"! Gönne deinen Füßen hin und wieder ein bisschen Bodenkontakt. Weil in den Fußsohlen besonders viele Nervenbahnen enden, kurbelt das Barfußlaufen die Produktion von Glückshormonen an.

Also, nichts wie raus aus dem
Schuhwerk und ab an die frische Luft.

Lauf dich einfach glücklich!

Wecke das innere Kind in dir

Wann hast du zuletzt mit einem kleinen Kind die Welt entdeckt? Hat dich die Ausdauer beeindruckt, mit der das Kind sich scheinbar Banalem widmet?
Oder hat dich das genervt? Erinnere dich: Auch du warst einmal ein kleines Kind, dem sich in alltäglichen Dingen
die Wunder der Welt offenbarten.

Das Staunen war dein täglicher Begleiter.
Erlaube dir immer wieder Augenblicke
kindlichen Staunens – sei es über einen
Tautropfen, die Einzigartigkeit des Lichts,
das Spiel der Wolken oder
die vollendete Form einer Blume.
Wenn du es zulässt, ist auch

deine Welt voller Wunder.

Gib der Veränderung Raum

Viele Menschen haben Angst vor Veränderung. Doch ohne Veränderung gibt es keine Entwicklung.
Nur wer sich weiterentwickelt, macht neue Erfahrungen.
Erfahrungen machen dein Leben reich und eröffnen dir immer neue Möglichkeiten.

Lerne, die Weiterentwicklung in deinem
Leben bewusst herbeizuführen,
indem du handelst, statt abzuwarten.

Was möchtest du als Nächstes tun?

Mach mal Pause

Stell dir vor, du wachst morgens auf und hast keinen Zugang zu Radio, Zeitung, Smartphone oder anderen Medien. Zunächst wärst du vermutlich panisch, denn in unserer heutigen Welt ist es üblich, ständig „up to date" zu sein. Doch hast du diesen Zustand erst einmal überwunden, wirst du feststellen, dass dein Geist zunehmend friedlich wird, wenn du dich von äußeren Ablenkungen freimachst.

Im Grunde ist es eine Frage der geistigen Disziplin, sich gelegentlich dem großen Weltrauschen zu verweigern. Probiere es aus und gönne dir in regelmäßigen Abständen einen

geistigen Ruhetag.

Beginne mit einem Lächeln

Wusstest du, dass du zaubern kannst?
Es ist ganz einfach. Zaubere so oft
wie möglich ein Lächeln in dein Gesicht und
in die Gesichter deiner Mitmenschen.
Du wirst erstaunt sein, wie viel Positives
du damit erreichst.

Denn ein Lächeln wirkt wie
ein erstaunlicher Motivationsschub,
der dich und deine Umwelt beflügelt.
Lächeln ist einer der effektivsten

Glücksmacher, die es gibt.

Erstrebe Balance

Unser ganzes Leben ist wie eine lange Reise. Durch unser Denken, Handeln und Fühlen bestimmen wir den Kurs. Keiner von uns kann verhindern, dass er auf dieser Reise unterschiedliche Erfahrungen macht, aber jeder entscheidet für sich, wie er diese Erfahrungen bewertet.

Erlaubst du negativen Gefühlen, die Oberhand zu gewinnen, oder bemühst du dich um Gelassenheit? Bedenke, dass jeder Mensch in Anspannung zu Überreaktionen neigt. Entspanne dich und sei zuversichtlich, dass jedes Problem, das dir begegnet, den Schlüssel zu seiner Lösung bereits in sich trägt.

Sei wach und flexibel

Wenn du mit wachen Sinnen durch dein Leben gehst, werden sich dir jeden Tag unzählige Möglichkeiten offenbaren. Halte dich deshalb nicht zwanghaft an einer selbst gewählten Routine fest, sondern lerne, offen für Neues zu sein und deiner Intuition zu folgen.

Denn der sprichwörtliche Zufall ist im Grunde nichts anderes als die logische Erwiderung auf eine von dir gestellte Frage. Durch Flexibilität und die Fähigkeit zu spontanem Handeln kannst du möglichst viele dieser Zufälle

zur Erreihung deiner Ziele nutzen.

Akzeptiere das Unabänderliche

Ist dir auch schon aufgefallen,
wie viele Menschen sich ständig über
das Wetter beschweren? Fast nie ist es so,
wie es sein soll, und wenn es mal
nach Wunsch ist, dann nur für kurze Zeit.
Erstaunlich, wie unbeeindruckt sich
das Wetter von den Beschwerden zeigt!

Der einzige Effekt, der mit zweifelsfreier
Sicherheit eintritt, ist die schlechte Laune
derer, die lamentieren. Wenn du also
eine gegebene Situation nicht ändern kannst,
tust du gut daran, sie so zu akzeptieren,
wie sie ist. Nur so kannst du in
jeder Lebenslage offen sein für neue,

beglückende Erfahrungen.

Dein Schlüssel zum Glück

Wenn wir uns selbst lieben, laden wir
das Glück in unser Leben ein.
Nur Selbstliebe ermöglicht uns,
wahrhaft glücklich zu sein.
Das, wonach du suchst, wonach du
dich sehnst, kann dir kein anderer geben.

Suche die Erfüllung in dir.
Wenn du dich entscheidest, dich so zu
lieben, wie du bist, lässt du dich zugleich
auf das größte Abenteuer deines
Lebens ein –

die Reise zu dir selbst.

Bilder: shutterstock

© Korsch Verlag GmbH & Co. KG, Gilching, Januar 2018
Gestaltung: Barbara Vath
Redaktion: Andrea Röder
Lithografie: WB Druck Media GmbH, A-Saalfelden
Druck und Bindung: FINIDR, s.r.o., Tschechische Republik
ISBN 978-37827-9480-0

Verlagsverzeichnis schickt gern:
Korsch Verlag GmbH & Co. KG, Landsberger Straße 77, 82205 Gilching
www.korsch-verlag.de